BEI GRIN MACHT SICH IHR
WISSEN BEZAHLT

- Wir veröffentlichen Ihre Hausarbeit,
  Bachelor- und Masterarbeit

- Ihr eigenes eBook und Buch -
  weltweit in allen wichtigen Shops

- Verdienen Sie an jedem Verkauf

Jetzt bei www.GRIN.com hochladen
und kostenlos publizieren

Bibliografische Information der Deutschen Nationalbibliothek:

Die Deutsche Bibliothek verzeichnet diese Publikation in der Deutschen National-bibliografie; detaillierte bibliografische Daten sind im Internet über http://dnb.d-nb.de/ abrufbar.

Impressum:

Copyright © 2019 GRIN Verlag
Druck und Bindung: Books on Demand GmbH, Norderstedt Germany
ISBN: 9783668923430

Dieses Buch bei GRIN:

https://www.grin.com/document/464039

Max Kremnitz

Die Kommunikationsmodelle von Friedmann Schulz von Thun

Der Ablauf von Kundengesprächen im Arbeits- und Unternehmensalltag

GRIN Verlag

GRIN - Your knowledge has value

Der GRIN Verlag publiziert seit 1998 wissenschaftliche Arbeiten von Studenten, Hochschullehrern und anderen Akademikern als eBook und gedrucktes Buch. Die Verlagswebsite www.grin.com ist die ideale Plattform zur Veröffentlichung von Hausarbeiten, Abschlussarbeiten, wissenschaftlichen Aufsätzen, Dissertationen und Fachbüchern.

Besuchen Sie uns im Internet:

http://www.grin.com/

http://www.facebook.com/grincom

http://www.twitter.com/grin_com

Hochschule für angewandtes Management-Campus Berlin

Fachbereich: Wirtschaftspsychologie

Wintersemester 2018/2019

Teilmodul: Kommunikation und Präsentation

Die Kommunikationsmodelle von
Friedmann Schulz von Thun

**-Eine Studienarbeit mit praktischem Bezug auf den Ablauf von
Kundengesprächen im Arbeits- und Unternehmensalltag**

von Max Kremnitz

Tag der Einreichung:

18.03.2019

Inhaltsverzeichnis

I. Abbildungsverzeichnis

1. Einleitung

„Wir kommen nun von der Kommunikation zur Interaktion, dem Hin und Her von Antworten und Äußerungen, von Aktionen und Reaktionen." (Schulz von Thun, 2013, S.18) Eine der wichtigsten Handlungsformen des menschlichen Verhaltens sind Dialoge. Die aus einem Dialog entstandenen Gespräche sollen dem gegenüber die eigenen Überlegungen übermitteln. Diese Übertragung von Informationen ist eine Grundvoraussetzung, um einen optimalen Austausch von Informationen zu ermöglichen. (vgl. Schenk & Schenk, 1998) Des Weiteren ist es wichtig, welche verschiedenen verbalen Signale, also das gesprochene Wort beziehungsweise die ausgesprochenen Worte und nonverbalen Äußerungen, der Sender übermitteln möchte. Die nonverbalen Äußerungen, werden unter anderen durch die Körpersprache ausgedrückt. Jedoch müssen dabei nicht immer alle Zeichen der Kommunikation bewusst geäußert werden. (vgl. Argyle, 2013) Jede Botschaft beinhaltet vier Ebenen die sowohl durch den Sender sowie dem Empfänger bewusst oder unbewusst geäußert werden. Ein Sender ist ein Handlungsträger, der die Nachricht in einer Kommunikation formuliert. Der Empfänger ist im Kommunikationsprozess der, der die Nachricht auf allen vier Ebenen zeitgleich erhält. Dieses Model der Kommunikation auf vier Ebenen hat der Psychologe Friedemann Schulz von Thun entwickelt. Er ist vor allem bekannt durch seine Werke „Miteinander reden", weshalb er unter anderen seine Ehrendoktorwürde erhalten hat. Er ging davon aus, dass die Anatomie einer Nachricht aus vier verschiedenen, zu übertragenen Inhalten besteht. Es gibt in diesem Fall in jeder Botschaft einen Sachinhalt, einen Appellinhalt, einen Selbstoffenbarungsinhalt und einen Beziehungsinhalt. (vgl. Schrameier, 2015) Schulz von Thun weist außerdem in seiner Theorie darauf hin, dass Missverständnisse aufgrund der Struktur des Models fast unvermeidlich sind. Dadurch könnte es zu Störungen in der Kommunikation kommen, welche durch die individuell unterschiedlichen Wahrnehmungen entstehen. Der Sender sendet also eine Nachricht auf den vier Ebenen, wovon eine einen dominanten Charakter besitzt, und erhält ein Feedback vom Empfänger, welches ebenfalls mit den Inhalten der Ebenen sowie einem dominanten Charakter bestückt ist. Sendet der Sender eine Nachricht nun auf einer anderen dominierenden Ebene als der Empfänger diese empfängt, entsteht eine inkongruente Wahrnehmung der beiden Gesprächsteilnehmer. Dies führt im Anschluss zu einer erheblichen Störung auf den verschiedenen Ebenen. (vgl. Janneck, 2007) Damit also eine Kommunikation optimal und bestmöglich verläuft, müssen diese Missverständnisse bzw. Störungen beseitigt werden.

2. Das Kommunikationsquadrat

Das Kommunikationsquadrat ist anhand folgender Grafik ersichtlich:

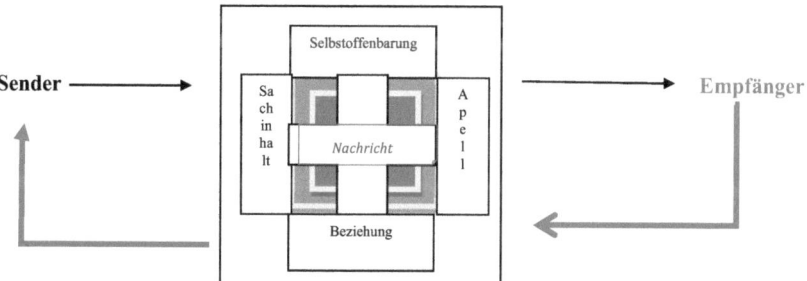

Abb. 1: Die vier Seiten oder Aspekte einer Nachricht

(in Anlehnung an Schulz von Thun, 1981, S.30)

In der Abbildung 1 sind die vier Seiten, die durch eine Nachricht codiert werden, dargestellt. Friedmann Schulz von Thun schrieb zu seinem Modell folgende Worte: „Den Vorteil des hier vorgestellten Modells sehe ich darin, dass es die Vielfalt möglicher Kommunikationsstörungen und -probleme besser einzuordnen gestattet und den Blick öffnet für verschiedene Trainingsziele zur Verbesserung der Kommunikationsfähigkeit." (Schulz von, Thun 1981 ,S.30) Im Kommunikationsquadrat soll der Sachaspekt Informationen einfach und strukturiert vermitteln. Wie die Kommunikation gestaltet wird und wie das Verhalten auf andere wirkt, wird im Beziehungsaspekt dargestellt. Der Selbstoffenbarungsaspekt beschreibt, dass jeder Kommunikationspartner immer etwas von sich selbst aussagt. Jeder Mensch möchte durch die Interaktion auch etwas herbeiführen beziehungsweise erreichen. Dies passiert auf der Appellebene. (vgl. Schulz von Thun, 2016) Die vier Seiten einer Nachricht mit ihren Ober- und Untertönen, welche die Intensität oder ihre hierarchische Stellung beschreiben, spielen also in jeder Kommunikation eine grundrelevante Rolle. Dieses Resümee gilt sowohl für die äußere- als auch für innere Kommunikation. Das Modell wurde im Endeffekt für das Hören eines Akkordes geschaffen, wodurch eine Aussage in vier Bestandteile zerlegt werden kann. Neben dem Gesagten (Sachinhalt) schwingt doch gleichzeitig immer etwas über die Beziehung zwischen den an der Kommunikation beteiligten Personen (Beziehung), über den Sprecher (Selbstkundgabe) und über das Ziel des Sprechers (Appell) mit. (vgl. Schulz von Thun 1998)

2.1. Die vier Schnäbel einer Nachricht

Mit den vier Schnäbeln einer Nachricht ist eine Unterteilung des gesendeten Inhalts in die vier verschiedenen Ebenen gemeint. Mit dem Sachschnabel wird der sachliche Anteil einer Information transferiert. (vgl. Pöhlmann/Roethe, 2004) Auf der Sachebene geht es vorrangig, um den nüchternen Inhalt der Nachricht. Beispielsweise geht es um, „Worüber möchte der Sender den Empfänger informieren?". Eine sachliche Information kann ein Faktum, ein Standpunkt, eine Unstimmigkeit oder auch eine Mitteilung zu einem festgelegten Gedanken sein. Bei dem Selbstoffenbarungsschnabel gibt der Absender etwas von sich selbst kund (sogenannte Selbstkundgabe) und sendet dabei einen Teil seiner Persönlichkeit mit. Maßgebliche Faktoren sind hierbei, die Gestaltung des gesagten, die Wortwahl und die unterstützende Körpersprache. (vgl. Wahren, 1987) Erkennen lässt sich der Selbstoffenbarungsanteil anhand von, welche Sprache die Person spricht, wie die Situation konkret wahrgenommen wird oder Fakten wie, dass die Person wach und aufnahmefähig ist. Was durch die Selbstoffenbarung offen gelegt wird, kann sowohl bewusst als auch unbewusst geschehen. Durch die eingesetzte Wortwahl zeigt der Sender wie er zum Empfänger steht und was voneinander gehalten wird. Im Gegensatz zur Selbstoffenbarung wird beim Beziehungsschnabel die Rolle der Gemeinsamkeiten erklärt. Es geht hier primär darum, wie die Gesprächspartner miteinander umgehen. Relevant hierfür ist unter anderem ob sich die Kommunikationsmitglieder überhaupt kennen. Der Appellschnabel möchte den Empfänger zu einer Handlung bewegen. Jede Mitteilung hat die Aufgabe eine Wirkung auf den Adressaten zu nehmen. Die Beeinflussung kann vom Sender bewusst oder auch unbewusst geschehen. In vielen Fällen ist es so, dass die Beziehungsebene / der Beziehungsschnabel zur Manipulation beziehungsweise zum Erreichen der Vermittlungsziele mit einbezogen wird. (vgl. Schulz von Thun, 2016) Eine Nachricht besteht also aus unzähligen unterschiedlichen Meldungen oder Botschaften, deren Umfang nicht definiert ist. Sie kann sowohl eine lange Erklärung sein, als auch aus einem kurzen Wort bestehen. Eine Botschaft hingegen unterscheidet sich durch explizite- und implizite Inhalte. Explizite Nachrichten sind die, die eindeutig umschrieben werden, während implizite Nachrichten nur indirekt ausgedrückt werden. Außerdem werden Mitteilungen nicht nur durch die Sprache selbst übermittelt, sondern auch durch Elemente der nonverbalen Kommunikation. Gegenstand der nonverbalen Anteile einer Nachricht ist beispielsweise die Artikulation, die Stimmlage, der Tonfall und die Körpersignale. Zu den Körpersignalen zählen unter anderen der Gesichtsausdruck oder das Verhalten. Die verbalen und nonverbalen Signale eines Gespräches können einander entgegnen (inkongruent), oder bestätigen (kongruent) sein. (vgl. Schulz von Thun, 2013)

2.2. Die vier Ohren einer Nachricht

Da der Sender alle vier Seiten einer Nachricht bedient, also vier unterschiedliche Botschaften sendet, muss der Empfänger in der Lage sein, die Inhalte zu kategorisieren, um wiederum entsprechend reagieren zu können. Der Empfänger hat also vier Ohren, mit denen er differenzierte Informationen wahrnehmen kann. Das Sachohr versucht den sachlichen Bestandteil der Mitteilung zu erfassen. Durch das Selbstoffenbarungsohr stellt der Empfänger fest, was der Sender vom Empfänger hält. Welche Beziehung die Gesprächspartner allerdings zueinander haben, wird durch das Beziehungsohr offen gelegt. Wie der Empfänger die Informationen bewertet und was er daraus schließt, wird durch die Appellseite erklärt. Da der Empfänger nicht immer alle Ohren gleichstark einsetzen kann, werden einige der Botschaften verstärkt wahrgenommen und andere vernachlässigt. Dieser Effekt erschwert die menschliche Kommunikation erheblich. Der Empfänger kann eine Botschaft so filtern, dass er nur das wahrnimmt, was für ihn notwendig sowie relevant ist. Dadurch kann er im Gesprächsverlauf uneingeschränkt darauf antworten. Dieser Filterprozess führt zu erheblichen Störungen, wenn die Mitteilung anders wahrgenommen wird, als sie gemeint war. Um dieses Phänomen zu entkräften, müssten alle vier Botschaftsseiten in der Gesamtsumme berücksichtigt werden. Wird beispielsweise nur das Sachohr bedient, können Probleme, die vom Empfänger aus der Beziehungsebene gesendet werden, durch den Empfang auf der Sachebene entstehen. Dies liegt oft daran, dass das Gesagte emotionslos formuliert wird. (vgl. Schulz von Thun, 2016) Empfänger, die ihren Fokus vorrangig auf den Beziehungsanteil einer Nachricht setzten, sehen sich selbst immer als Zentrum des Inhaltes. Enthaltenes einer Botschaft wird oft persönlich genommen und es wird sich vernachlässigt gefühlt sowie werden Probleme an sich selbst festgemacht. Leicht zu verwechseln, sind die Beziehungs- und Selbstoffenbarungsebene. Das Ohr des Empfängers könnte das gesprochene des Senders auch als Selbstoffenbarung empfangen, indem er beispielsweise annimmt, dass der Versender durch den Zeitmangel die Aufgabe nicht selbst wahrnehmen kann. Der Unterschied zwischen dem Beziehungs- und dem Selbstoffenbarungsohr bezieht sich auf die unterschiedliche Projizierung des Anliegens. Das Beziehungsohr bezieht den gesprochenen Inhalt auf sich selbst, während das Selbstoffenbarungsohr diese Informationen auf den Sender bezieht. Ein ausgeglichenes Selbstoffenbarungsohr ist daher laut Schulz von Thun ein großer Vorteil. Das Appellohr versucht aus jeder gesendeten Botschaft eine Handlungsempfehlung herauszuhören. Dabei vernachlässigt der Empfänger seine eigenen Wünsche sowie Interessen und konzentriert darauf Appelle ad hoc wahrzunehmen. Das Appellohr hat zwei primäre Funk-

tionen. Zum einen gibt es die unterbewussten Wünsche des Senders herausfiltern und wahrnehmen zu können. Zum anderen sollte durch ein geschultes Appellohr der Empfänger vor negati-
ver Beeinflussung geschützt werden. Ein Nachteil der Appellebene ist es, dass bei zu starker
Beachtung des Ohrs, Inhalte die vom Sender keinen Appell darstellen sollen, trotzdem als sol-
chen empfunden werden. (vgl. Schulz von Thun, 1981)

2.3. Die Sachebene - Probleme und Lösungen

Wie in den vorherigen Abschnitt bereits erwähnt, kann es auf der Sachebene zu verschiedenen
Problemen kommen. Unter anderen kann ein Problem sein, dass die Interaktion nicht rational
von statten geht. Es fehlt bei vielen Gesprächen an Sachlichkeit, was auch daran liegt das sehr
oft nicht alle Ebenen der Kommunikation berücksichtigt werden und/oder ihren Anteil finden.
Generell beschreibt ein sachliches Gespräch die Vermittlung von Inhalten zwischen Gesprächs-
partnern, ohne die Einbindung von Emotionen. Eine Möglichkeit für die Klärung bei fehlender
Sachlichkeit ist das Abstellen von ungewollten Inhalten, indem damit argumentiert wird, dass
das Anliegen nicht Teil des Gesprächsstoffes ist. Diese Strategie kann allerdings nur eine kurzfristige Lösung darstellen, da es eine Art Untersagung beinhaltet und damit auf Dauer nicht
konstruktiv ist. (vgl. Schulz von Thun, 2016) Eine andere Möglichkeit ist die Wahrnehmung
von Störungen und diese als höchste Priorität zu sehen. Eine Störung hat drei Gesichtspunkte:
Die Sache, die einzelne Person in einem Team und das Team selbst. Diese drei Komponenten
sollen ausgeglichen werden. Es werden also bei dieser Strategie, nicht nur die absolut reinen
Sachthemen berücksichtigt, sondern auch die Faktoren der Beziehungsebene. (vgl. Cohn,1975)
Eine andere Strategie unterteilt die Sach- und Beziehungsebene in zwei Gebiete. Die Sachebene
wird im Berufsalltag fokussiert und die Beziehungsseite also das „Ich" und das „Wir" kommen
im privaten Umfeld vor. Wichtig hierbei ist es, dass die Themen der Sachebene nicht durch
andere Menschen blockiert werden, nicht manipuliert werden und bei allen Teilnehmern der
Interaktion bekannt sind. Treffen in diesem Fall alle Eigenschaften zu, kann eine Konversation
auf mehreren Ebenen stattfinden. Ein weiteres Problem auf der Sachebene ist die Verständlichkeit. Problematisch ist unter anderen die individuelle Wahrnehmung und Verständlichkeit von
Inhalten jedes Kommunikationspartners. Eine mögliche Lösung für diese Art von Verständ-
lichkeitsproblemen ist, die Berücksichtigung von ordentlichen und einfachen Gliederungen sowie kurzen und deutlichen Mitteilungen. (vgl. Schulz von Thun, 2016)

2.4. Die Selbstoffenbarungsebene - Probleme und Lösungen

Störungen auf der Ebene der Selbstkundgabe sind, die Furcht etwas von sich Preis zu geben und die Darstellungsweisen der eigenen Person. Die Angst einen Teil von sich offen zu legen, entsteht durch den Wunsch schlechte Bewertungen der Persönlichkeit, durch die oder den Gesprächspartner, zu vermeiden. Sich selbst darzustellen oder auch die eigene Persönlichkeit zu verbergen, passiert durch unterschiedliche Techniken. Die Wirkung dieser Selbstdarstellungen ist der Mangel an zu übertragenden Sachinformationen und ein sinkender Gemeinschaftsgeist. Außerdem führt die Unterdrückung der eigenen Verhaltensweisen möglicherweise zu Gesundheitsproblemen. Eine Lösung dieser Problematik ist es, zu lernen, das innere Empfinden nach außen tragen zu können. (vgl. Schulz von Thun, 2016) Ein Beispiel der Klärung auf der Selbstoffenbarungsebene ist beispielsweise die wörtliche Verwendung von „Ich kann diese These nicht vertreten weil ich finde, dass..." anstatt „Man kann doch nicht so reagieren". Hierzu liefern einige Anleitungshilfen Unterstützung. Zum einen, sollte eine Mitteilung in „Ich-Form" und nicht in „Wir" oder „Man-Form" formuliert werden. Des Weiteren sollte stets erklärt werden, warum genau diese Meinung vertreten wird. Außerdem sollte auf eine klare und glaubwürdige Kommunikation Wert gelegt werden. Eine letzte Hilfestellung bietet der Grundsatz, die Hinweise des Körpers zu berücksichtigen. Zusammengefasst ist es von Vorteil, sich seiner eigenen Persönlichkeit bewusst zu werden und Meinungen unbefangen ohne Druck preisgeben zu können. (vgl. Cohn, 1975)

2.5. Die Beziehungsebene - Probleme und Lösungen

Durch die Beziehungsebene wird beschrieben, wie die Gesprächspartner miteinander umgehen. Eine Mitteilung aus Sicht der Beziehung kann zwei Inhalte haben: Die „Du- Botschaft" und die „Wir- Botschaft". (vgl. Schulz von Thun, 2016) Eine „Du – Botschaft" gilt es zu vermeiden, da der Inhalt als Kritik verpackt wird. (vgl. Fersch, 2005) Anders ist es bei einer „Wir- Botschaft", dabei wird eine Aussage über die Beziehung der Gesprächsteilnehmer getroffen. Eine mögliche Klärung bei Beziehungsproblemen könnte es sein, deren Unstimmigkeiten nicht auf der Sachebene abzuhalten. Dazu sollte der Sachkonflikt später diskutiert werden und vorerst über die Beziehungsebene gesprochen werden. Die sogenannte Beziehungsklärung, erfolgt durch die Einhaltung von drei verschiedenen Schritten. Schritt eins ist eine Förderung der ausdrücklichen Bekundungen von Beziehungsaspekten sowie müssen übersetzende Worte für gesendete Botschaften angebracht werden und dazu animierende Vorstellungen offengelegt werden. Eine zweckmäßige Beeinflussung der Gesprächspartner sollte hierbei immer unterlassen werden. Es sollte vielmehr darauf geachtet werden, die Wertschätzung und das Verständnis dem Gegenüber in den Vordergrund zu stellen. (vgl. Schulz von Thun, 2016)

2.6. Die Appellebene - Probleme und Lösungen

Auf der Appellebene gibt es drei unterschiedliche Lösungsansätze. Es gibt die verborgenen Appelle, die widersprüchlichen Appelle und die frei verfügbaren Appelle. Verborgene Appelle führen dazu, dass eine Person unbewusst zu einer Handlung bewegt wird. Vorteile dieser Variante ist es, dass diese meist aufgrund mentaler Bindung, vielversprechender ist und zusätzlich für das gesagte keine Verbindlichkeit besteht. Allerdings können diese auch Situationen hervorrufen, die nicht wünschenswert sind. Widersprüchliche Appelle hingegen lösen genau das gegenteilige der gesagten Mitteilung aus. Diese stellen nur eine kurzfristige Lösung dar und kann beispielsweise in Krisensituationen zum Einsatz gebracht werden. Frei verfügbare Appelle können als Lösung für Probleme auf der Appellebene beitragen. Dazu müssen verschiedenen Prinzipen eingehalten werden, um das Verhalten verankern zu können. Die betroffene Person muss sich dem eigenen Beschluss bewusst sein, diesen förderlich äußern und zuletzt dem Empfänger die Entscheidung der Antwort überlassen. Ein Beispiel wäre die Aussage „Würdest du heute Herr Müller anrufen?" anstelle „Könntest du wenigstens heute einmal Herr Müller anrufen?". Die erste Aussage ist neutral umschrieben, wobei die zweite Formulierung (mehrere) Unterstellungen beinhaltet. Durch den deutlich gesendeten Appell weiß der Empfänger nun genau was der Sender möchte. Ob er dem Inhalt zustimmt oder eine andere Art von Lösung herbeiführt, ist allerdings zunächst offen. (vgl. Schulz von Thun, 2016)

3. Das innere Team

„Ein Miteinander und Gegeneinander finden wir nicht nur zwischen den Menschen, sondern auch innerhalb des Menschen." (Schulz von Thun, 2004, S. 45) Bei dem Modell vom inneren Team geht es um das innere einer Person im Sinne von inneren Antriebskräften. Diese Antriebskräfte sind unsere inneren Stimmen, welche den Teamträger, aber auch die anderen inneren Stimmen, beeinflussen. Die inneren Stimmen haben, wie auch Menschen, verschiedene ausgeprägte Eigenschaften. Dies bezeichnet man auch als innere Pluralität. Die Eigenschaften der Stimmen unterscheiden sich in ihrer Wichtigkeit und Stellung. Schulz von Thun spricht in diesem Zusammenhang von Frühmeldern und Spätmeldern, von lauten und leisen Stimmen sowie von willkommenen und unwillkommenen Stimmen. (vgl. Schulz von Thun, 2013) Die lauten Stimmen möchten sich durchsetzen und werden beim genauen in sich hineinhören wahrgenommen. Leise Stimmen hingegen verlangen vom Träger, in sich zu gehen, nachzudenken und zu reflektieren, um erst dann wahrgenommen zu werden. Was willkommene und unwillkommene Stimmen ausmacht, ist für einen Menschen leicht zu deuten. Allerdings ist der bedeutende Inhalt für den Träger der Stimmen nicht einfach zu deuten. Wichtig ist es, sich mit seinen unwillkommenen Stimmen auseinanderzusetzen. Menschen sollten also ihre Stimmen stets beachten und akzeptieren, damit sie nicht in den seelischen Untergrund gezwungen werden (Innere Uneinigkeit). Sollte es zu einer inneren Uneinigkeit gekommen sein, können diese zu organischen Krankheiten führen oder auch in unerwünschten Momenten herausbrechen. (vgl. Schulz von Thun 1998) Die innere Kommunikation zwischen den Stimmen äußert sich in Form einer inneren Kontaktaufnahme, wo es zum inneren Dialog, Streit, aber auch zu inneren Beziehungen kommt. Dieser Prozess entsteht durch die innere Gruppendynamik. Das innewohnende Betriebsklima beziehungsweise die innere Gruppendynamik ist für die Leistungsfähigkeit und das Befinden des Teamträgers entscheidend. Sollte sich dieser Prozess zum negativen wenden, entsteht der sogenannte zerstrittene Haufen. (vgl. Schulz von Thun, 2016) Um den zerstrittenen Haufen nicht dauerhaft entstehen zu lassen, erwähnte Friedmann Schulz von Thun vielmalig zu seiner Theorie vom inneren Team, die sogenannte(n) Arbeitstechnik(en) im Inneren. Diese beginnt, indem er jedem Teammitglied eine Botschaft zuweist. Diese Botschaft muss nicht von Beginn an spruchreif sein, sondern kann sich auch schrittweise bilden. Jede Botschaft, die sich durch Selbsterkundung ergründen lässt, setzt sich aus kognitiven, emotionalen und motivationalen Komponenten zusammen. Dies bedeutet, dass in jeder Botschaft Gedanken, Gefühle, Bedürfnisse, aber auch Werthaltungen, Normen und Befehle an sich selbst enthalten sind. (vgl. Schulz von Thun 1998)

3.1. Innere Pluralität

Schulz von Thun stellt eine Aussage auf, dass in jedem Menschen innere Konflikte ablaufen und diese entweder Beachtung finden oder als störend empfunden werden. Er beschrieb diese inneren Konflikte mit dem klassischen Gefühl vom hin- und hergerissen sein. Diese inneren Konflikte bezeichnet er als die innere Pluralität. Dieses qualvolle hin- und hergerissen sein, welches, so Schulz von Thun, „[…]zu einer völligen Lähmung[…]"", (Schulz von Thun, 1998, S.21), führen kann, bedeutet eine Störung im heutigen schnellen und hektischen Lebensalltag. (vgl. Schulz von Thun, 1998)

3.2. Die Teammitglieder

Diese inneren Positionen werden im folgenden Absatz genauer definiert. Eine innere Position kann sich jeder als kleinen Bewohner der Seele vorstellen. Jede dieser Persönlichkeiten hat ihren eigenen Charakter. Ein Beispiel hierfür wäre der Hilfsbereite, welcher anderen Menschen ununterbrochen helfen möchte und alle Wünsche erfüllen mag. Diese beispielhafte und extreme Hilfsbereitschaft kann so weit gehen, dass eine zweite Stimme, die vor dem Ausgenutzt werden warnen möchte, von der Hilfsbereiten unterdrückt wird. Diese inneren Stimmen haben, auch genau wie Menschen, Charakterstärken und Charakterschwächen. In vielen Situationen kommt es dabei oft zu inneren Auseinandersetzungen. Dies bedeutet, dass zwei oder mehr innere Persönlichkeiten einen Disput austragen. Sie diskutieren mehr oder weniger gleichberechtigt miteinander. Ein solcher innerer Disput spiegelt sich auch in der Gestik, Mimik oder aktuellen Stimmung der Person wieder. Dabei bedeutet es nicht, dass innere Stimmen, die nicht gut zusammenspielen etwas Unmoralisches oder Pathologisches an sich haben. Schulz von Thun bezeichnet diesen Vorgang mit einer noch nicht integrierten Reaktion des inneren Teams (vgl. Schulz von Thun, 2016)

3.3. Innen- und Außendienst

Alle Teammitglieder können sowohl im Außendienst als auch im Innendienst wirken. (vgl. Schulz von Thun, 2004) Teammitglieder im Innendienst helfen beim Selbstgespräch, sind für Stimmungen, Motive, Gefühle und Gedanken mitverantwortlich. Im Außendienst wirken sie an der zwischenmenschlichen Kommunikation direkt oder indirekt über nonverbale Kommunikationselemente mit. (vgl. Schulz von Thun, 1998) Die Teammitglieder können wie bereits erwähnt im Innen- und im Außendienst mitarbeiten. Des Weiteren könnten sie aber auch überwiegend auf nur einer Seite wirken. Zum Innendienst sollte bewusst sein, dass sich die inneren

Stimmen nicht grundsätzlich sprechend vorstellen müssen, da sie sich auch in Gefühlen, als plötzliche Impulse, als Stimmungen und auch als Körpersignal in Form von Krankheiten oder als Befehl an die Gesamtperson bemerkbar machen können (vgl. Schulz von Thun, 2016). Des Weiteren können innere Teammitglieder auch durch äußere Einwirkungen zum Report angeregt werden. (vgl. Schulz von Thun, 1998).

3.4. Kontextabhängigkeit

Stellt man sich die inneren Teammitglieder als kleine Charaktere vor, ist es nachzuvollziehen, dass ihre Stellungnahme, ihr Engagement oder ihre Position abhängig ist von der Konfliktsituation, den beteiligten Personen, der Themen und/oder der Herausforderung. Es wird sich beispielsweise eine innere Stimme, welche sich mit dem Sinn des Lebens auseinandersetzt, bei einer alltäglichen Situation im Supermarkt eher im Hintergrund verdeckt verhalten. Auf Grund dieser Tatsache existieren viele verschiedene und spezifische Untergruppen. (vgl. Schulz von Thun, 2016) Ein weiteres Beispiel könnte wie folgt gestaltet sein: Während man vielleicht im beruflichen Umfeld den Untergebenen verkörpert, demonstriert man im Privatleben den kleinen Monarchen. Entscheidend ist hierbei die einzunehmende Rolle. Eine jede Rolle, die man vertritt bzw. in die man gerät, verlangt vom Rollenträger eine Entscheidung wie er sie vertreten möchte. Des Weiteren gibt es Stimmen, welche sich nur mit existenziellen Fragen beschäftigen. Existenzielle Fragen sind unter anderen „Was ist der Sinn des Lebens?" oder „Warum existieren wir?". (vgl. Schulz von Thun, 1998)

3.5. Teambildung und Teamentwicklung

Schulz von Thun vergleicht die Mitglieder des inneren Teams mit den Mitgliedern eines Teams im Arbeitsleben. Er stellte dabei fest, dass es in beiden Teams auf eine vergleichbar ähnliche Gruppendynamik ankommt. Im Arbeitsleben wie auch im Seelenleben existiert ein Gruppenführer (der Teamchef). Das Oberhaupt des Teams hat in beiden Gruppen nun die anspruchsvolle Aufgabe. Diese Aufgabe bezieht sich auf die effektive Arbeitsanweisung der anderen. Hierfür muss er intensive Kontakte zu seinen Mitarbeitern aufbauen und pflegen, denn nur bei erfolgreichen wahrnehmen, gewürdigt werden und berücksichtigt werden, wird es zum Gelingen des Ganzen beitragen können. (vgl. Schulz von Thun 2016) Die Stimmen oder die Mitglieder von Teams, die nicht beachtet werden, neigen zum Trotzen oder zum Auflehnen gegen das Oberhaupt. Sie können die Effektivität und Effizienz des Teams herabsetzen oder gar blockieren. Trotz allem ist es aber entscheidend, dass das Oberhaupt den goldenen Weg zwischen der

Mundtotmachung einzelner Mitglieder und einem Kontrollverlust durch zu viel diskutieren innerhalb des Teams findet. Beides würde sonst die Gruppen in ihrer optimalen Funktion hemmen. In Konfliktsituationen muss das Oberhaupt als Konfliktmanager also dafür sorgen, dass diese produktiv ausgetragen werden können. Hierfür muss es dafür sorgen, dass es eine produktive innere Streitkultur gibt, in der Gegensätze offen zur Sprache kommen können und andere Meinungen auch stets ernstgenommen und reflektiert werden. Friedmann Schulz von Thun nahm außerdem an, dass eine Teambildung zu einer konkreten Situation oder Problematik gebildet wird. Sie soll nur zur Lösung der Aufgabe gebildet werden und kann sich anschließend wieder auflösen. Im Arbeitsteam würde dies beispielsweise bedeuten, dass es ein Projekt gibt, für das sich verschiedene Mitarbeiter zusammenfinden. Allerdings versteht er unter Teamentwicklung ein situationsübergreifendes Langzeitprojekt. Dabei kommt es nämlich auf viel mehr an. Es müssen sich die an der Teamentwicklung Beteiligten um das Aufstellen und das Beachten teaminterner Regeln bemühen. Dabei kommt es auf viele Aspekte an. Beispielsweise das Zusammenfinden und Zusammenraufen der Mitglieder, das Entwickeln einer Kommunikations- und Streitkultur, das Miteinbeziehen von Neuen oder Außenseitern ins Team, das Herausbilden eines Wir-Gefühls bei gleichzeitiger Beachtung des Ich- Gefühls und schließlich um das Herausbilden teaminterner anerkannter Regeln, Normen und Kooperationsstilen. (vgl. Schulz von Thun, 1998) Diese Teamentwicklung sollte nach der Meinung von Schulz von Thun das Ziel des inneren Teams sein. Er weist darauf hin, dass zu Beginn dieses Bildungsprozesses meist chaotische Zustände herrschen, die gegeneinander, durcheinander oder nebeneinander bestehen (vgl. Schulz von Thun, 2004).

4. Die Kommunikationsmodelle in Bezug auf unternehmens- und arbeitsbezogene Kundengespräche

Zum besseren Verständnis und zur Verbesserung der Gesprächsführung geht es in folgendem Kapitel um die praktische Anwendung der Kommunikationsmodelle von Friedmann Schulz von Thun. Die Kenntnisse für diese praktische Untermauerung der Modelle wurden aus dem Kontext eines Versicherungskonzerns gewonnen und auf dieses literarische Werk zugeschnitten.

Als Grundlage aller zwischenmenschlichen-, aber auch internen Kommunikation gilt das Kommunikationsquadrat von Friedmann Schulz von Thun. Dabei findet es in unterschiedlichsten Situationen Anwendung und muss stets genau beachtet werden. Sollte dies nicht der Fall sein könnte es zu erheblichen Problemen in der Auffassung von Informationen, welche über codierte Nachrichten übermittelt werden, geben. Als Berater oder Verkäufer sollte vorrangig auf der Selbstoffenbarungs- und/oder Beziehungsebene interagiert werden. Um diese These zu verifizieren sollte zunächst die folgende Aussage betrachtet werden: „Wir liefern ihnen erst wieder unser Produkt (Dienstleistung), wenn sie unsere bereits fälligen Rechnungen bezahlt haben." Wie anhand dieser Aussage zu erkennen gilt, spricht der Verkäufer auf einer dominierenden Appellebene. Diese ist für Kundengespräche nicht vorteilhaft, da sie oft als (aggressive) Bedrohung aus der Sicht des Kunden wahrgenommen wird. Eine bessere Alternative wäre unter anderem „Danke, dass sie wieder bei uns bestellen. Ich sehe aber, dass die letzte Rechnung noch nicht beglichen wurde. Das ist sicherlich ein Versehen.". Diese Kommunikationsweise liegt je nach Interpretation auf der Selbstoffenbarungs- oder Beziehungsebene. Entscheidend hierbei ist jedoch die fachliche, neutrale und kompetente Wortwahl, welche vom Kunden eher als Denkanstoß angesehen wird und somit zu einem besseren Ergebnis führt beziehungsweise führen kann. Ein weiteres Beispiel stellt die Aussage „Das ist leider nicht mein Aufgabengebiet." dar. Diese Aussage findet zwar auf der Sachebene statt, wird aber oftmals als Selbstkundgabe gedeutet. Aus der Selbstoffenbarungssichtweise wirkt es so, dass der Kunde sich vom Verkäufer oder auch Berater schlecht beraten fühlt, da dieser mit seiner Aussage Unsicherheit und mangelnde fachliche Kompetenz reflektiert. Eine deutlich bessere Alternative ist beispielsweise „Bleiben sie doch bitte am Apparat, dann verbinde ich sie mit der zuständigen Abteilung. Die Mitarbeiter dieser Abteilung sind fachlich auf den neusten Stand und können sie deshalb optimal zu ihren Anliegen beraten. Möchten sie sich sicherheitshalber die Durchwahl notieren, falls etwas mit der Verbindung nicht klappen sollte?". Eine solche Aussage wird vorranging auf der Sachebene wahrgenommen und zeugt von größerer Sicherheit als die vorherige Aussage. Des Weiteren kommt es in Versicherungskonzernen, aber auch in anderen Unternehmen, immer wieder zu aktionalen und zeitbegrenzten Artikeln beziehungsweise Dienstleistungen, bei welchen sich die Kunden oftmals zu spät melden. Sollte dies vorkommen ist eine Aussage wie „Hätten Sie vor einigen Tagen angerufen, dann hätten Sie den unser Produkt (Dienstleistung) auch erhalten." eher kontraproduktiv. Diese übermittelte Botschaft wirkt zum einen auf der Beziehungsebene negativ und beschreibt einen Appell, welcher zu dem gesprochenen Zeitpunkt nicht mehr ausführbar ist beziehungsweise könnte der Appel so gedeutet werden. Die Aussage „Ich würde ihnen den Artikel gerne zukommen lassen, doch dieser ist momentan, aufgrund der hohen Nachfrage, leider ausverkauft. Aber vielleicht darf ich ihnen eine Alternative anbieten?" ist hingegen eine gute Alternative. Bei dieser Nachricht steht einerseits der unternehmerische Gedanke im Fokus, da zu der nicht mehr vorhandenen Dienstleistung/Produkt eine Alternative vorgeschlagen wird. Andererseits wird diese Nachricht hauptsächlich auf der Sachebene wahrgenommen, was im Vergleich zu der anderen Aussage deutlich weniger bedrohlich wirkt.

Wie Friedmann Schulz von Thun bereits erwähnte sind für eine optimale Kommunikation gewisse Regeln notwendig. Einer der wichtigsten Regeln für Kommunikation ist es, dem Kunden intensiv zuzuhören. Dies fängt beim Namen einer Person an und endet mit der Verabschiedung. Beim Zuhören sollte man beispielsweiße mittels paraphrasieren und gezielter nonverbaler Kommunikation hantieren, um dem gegenüber die eigene Aufmerksamkeit zu verdeutlichen. Am Telefon ist die nonverbale Kommunikation in Hinblick auf den Kundenkontakt eher nicht relevant. Zuhören ist außerdem wichtig zum Erkennen, auf welcher Kommunikationsebene sich das Gespräch bewegt. Sollte beim Zuhören festgestellt werde, dass das Gespräch auf einer negativen Ebene ist oder sich in diese Richtung hin entwickeln wird, kann mithilfe dieses Prozesses eine negative Gesprächsentwicklung vermieden werden. Die Voraussetzung dafür ist jedoch die Kompetenz, eine Gesprächsebene in einem Dialog ändern sowie steuern zu können. Außerdem ist die Fähigkeit konzentriert zuzuhören und das nötige Wissen über die Kommunikationsebenen eine weitere Grundvoraussetzung für diese Regel. Eine weitere grundrelevante Regel bei Kundengesprächen beziehungsweise in der Kommunikation ist es auf jede Äußerung des Kunden genau einzugehen. Dies liegt zum einen an der Tatsache, dass hinter jeder Äußerung eines Menschen auch ein Ziel oder auch ein Wunsch verborgen ist. Wenn ein Kunde beispielsweise etwas in einem persönlichen Gespräch nachfragt, könnte es daran liegen, dass der Kunde den Berater nicht ganz folgen konnte und sein Informationsdefizit damit ausgleichen möchte. Des Weiteren könnte es auch daran gelegen haben, dass er auf einer anderen Kommunikationsebene gestrandet ist und den Inhalt deshalb nicht deuten konnte. Beispielsweise könnte er auf einer hierarchisch übergeordneten Selbstoffenbarungsebene zugehört haben und hat deshalb den Inhalt der Sachebene außen vorgelassen, weshalb wiederum sein Informationsdefizit entstanden sein könnte. Bei einem Gespräch gilt als wichtigste Regel für Kundengespräche, dass deutlich, langsam, laut und mit Betonung gesprochen wird. Dabei sollte man stets bedenken ein gesundes Mittelmaß für die Sprechgeschwindigkeit zu finden. Wenn Menschen bei einem Gespräch mit einen aktuellen oder potenziellen Kunden zu langsam sprechen, könnte dies ermüdend oder inkompetent wirken. Dies gilt es zu vermeiden, da das Gespräch sonst auf einer unerwünschten Kommunikationsebene stattfindet.

Ein weiterer wichtiger Punkt ist die Wahrung von Gestik, Mimik und Körperhaltung des Kunden als auch der eigenen Person sowie das das situationsbezügliche angemessene Reagieren diesbezüglich. Denn auch wenn der Kunde nicht antwortet oder reagiert sendet er auf allen vier Ebenen der Kommunikation eine Botschaft an den Berater/Verkäufer. Ein Beispiel dafür wäre ein abgewandter Blickkontakt und/oder verschränkte Arme des Kunden während einer Erklärung über eine angebotene Dienstleistung. Diese nonverbalen Signale können unter anderen als Abwehrhaltung oder Desinteresse gedeutet werden. Der Berater/Verkäufer hat in diesem Fall die Aufgabe, den Kunden auf eine andere Art zu animieren, sodass er seine Abwehrhaltung ablegt. Beispielsweise könnte er mit einer gezielten Nachfrage die Kommunikation wieder auf sich beziehen lassen. Entscheidend bei diesem Prozess sind allerdings wieder die Aufmerksamkeit, die Auffassungsgabe als auch die nötigen fachlichen und berufsbezogenen Kompetenten des Verkäufers/Beraters. Auch die eigenen nonverbalen Körpersignale sind für ein Kundengespräch von hoher Bedeutung. Wenn sich der Kunde beispielsweise nur auf die Körperhaltung des Verkäufers bezieht und diese nicht kongruent mit dem Gesprochenen ist, kann es zu massiven Kommunikationsbeeinträchtigungen kommen. Beispielsweise wäre es denkbar ungünstig wenn ein Berater einen Neukunden wirbt, aber dabei keinen Blickkontakt im Gespräch aufsucht. Dies könnte der potenzielle Neukunde auf einer vorrangig dominierenden Beziehungsebene oder sogar Selbstoffenbarungsebene wahrnehmen, weshalb er gegebenenfalls vermutet, dass der Verkäufer sich für etwas Besseres hält als der Kunde. Um das nonverbale und verbale Auftreten optimieren zu können, könnte beispielsweise eine Beratung mit zwei Beratern erfolgen, welche sich nach Beendigung des

Kundengesprächs gegenseitig reflektieren. Die wohl wichtigste Regel in Bezug auf Kundengespräche ist es Behauptungen stets begründen und nie im Raum stehen zu lassen. Wenn ein Verkäufer/Berater im Dialog über die Vorteile und Besonderheiten seiner Produkte oder Dienstleistungen spricht kommt es oft zu Überzeugungspunkten wie zum Beispiel „Wir haben die beste Beratung!" oder „Wir haben die kompetentesten Mitarbeiter im Vergleich zu den Konkurrenzunternehmen!". Diese Überzeugungspunkte sind zumeist schwer messbar, noch kann man diese Behauptungen begründen. Sollte es bei einem Kunden dann zu einer Nachfrage kommen und der Berater kann nicht antworten, wird eine gewissen Unsicherheit ausgestrahlt, wodurch ein Wechsel der dominanten Kommunikationsebenen vorprogrammiert ist (zum Beispiel von der Sachebene auf die Selbstoffenbarungsebene aufgrund der Unsicherheit beziehungsweise Nichtantwort des Verkäufers/Beraters). Dementsprechend ist es sinnvoller nur Argumente anzubringen die man auch begründen kann. Ein Beispiel hierfür wäre die Aussage „Wir haben die größte Kapitalabsicherung weltweit." mit der Untermauerung „, weil wir auch bei einer Totalinsolvenz die Kunden noch 20 Jahre danach finanzieren könnten.".

Wichtig bei Kundengesprächen ist auch das generelle und andauernde in sich hineinhören. Bei einer Situation oder einem Gespräch wo angenommen eine gereizte Stimmung herrscht, das Gefühl besteht das die eigene Person und der Gesprächspartner nur aneinander vorbeireden oder sogar der Kunden kritisiert wurde, besteht der vorwiegende Wunsch den mit den Kunden entstandenen Dialog möglichst schnell loszuwerden. Dieser Wunsch könnte mit der möglichen Aufstellung des inneren Teams zusammenhängen. In dem gerade genannten Beispiel dominiert wahrscheinlich eine Stimme, welche für Unsicherheit und Flucht bekannt ist. Es ist also sinnvoller in sich zu gehen und zu überlegen wie eine neue Teamaufstellung die unangenehme Situation verbessern kann. Wenn eine Person also in so einer Lage ist und sich dies bewusst machen kann, wäre es unter anderen vorstellbar, dass die dominierende Stimme, welche für Unsicherheit und Flucht stand, in die Innenarbeit versetzt wird oder sogar im besten Fall hierarchisch untergeordnet wird. Dieser Prozess verlangt viel Übung und muss regelmäßig geschult werden. Doch nicht nur der Berater hat ein inneres Team, welches den Dialog und das innere Wohlbefinden einer Person beeinflusst. Der Kunde kann beispielsweise zu Beginn des Gesprächs eine domminierende Appellstimme in sich tragen, welche er in Form von Beschwerden und Kritik nach außen hin äußert. Das Ziel des Beraters/Verkäufers ist es nun das innere Team umzustimmen, um gegebenenfalls noch etwas Positives im Sinne des Unternehmens herbeizuführen. Das Positive muss sich allerdings nicht nur auf den Profit oder eine gute Bewertung des Unternehmens beziehen. Es kann genauso der Ärger des Kunden als denkanregende Kritik genutzt werden (weil sich dieser eventuell bewahrheitet hat) und trotzdem ein besserer Dialog entstehen. Das innere Team des Kunden lässt sich, wie zu Anfang beschrieben, mit einer gezielten Wortwahl beeinflussen. Um dies zu verdeutlichen sollte die folgende Aussage betrachtet werden: „Bei mir wurde eingebrochen. Warum zahlt ihre Versicherung nicht? Ich möchte jetzt sofort mein Geld!" Diese Aussage kann prinzipiell von allen Kommunikationsebenen betrachtet werden, wobei die Appellebene dominiert und heraussticht.

Um den Kunden in seinem inneren Team, welches appellgeprägt und aggressiv erscheint, verändern zu können, müssen verschiedene gezielte Wortausdruckstechniken zum Einsatz kommen. Diese müssen konsequent angewendet werden, um einen (eventuelle) Neuaufstellung des inneren Teams vom gegenüber zu gewährleisten. Eine mögliche und effektive Antwort hierfür wäre: „Ihren Ärger können wir gut nachvollziehen. Ich hoffe, sie stecken deshalb nicht in existenziellen Nöten. Leider dürfen wir ihnen kein Geld, aufgrund ihres bisher noch nicht wiederaufgetauchten, Schlüssels aushändigen, da dies eine Vorschrift ist, woran auch mein Arbeitsplatz hängt. Gern würde ich ihnen eine Alternative anbieten.". Selbst wenn der Kunde nach diesem Gespräch immer noch verärgert ist, kann es durch einen Gesprächsverlauf, welcher genauso aufgebaut ist, zu einer Neuaufstellung (allerdings zu späteren Zeitpunkt) kommen. Ein erster Fortschritt würde sich beispielsweise zeigen, indem er die auf Abwehr gerichteten, nonverbalen Signale vernachlässigt beziehungsweise ändert. Genau wie bei diesem Beispiel kann auch ein Mangel an Fachkenntnissen vom Verkäufer/Berater die innere Teambildung des Kunden neu aufstellen lassen. Wenn beispielsweise bei einer Beratung Unsicherheit interpretiert wird, kann sich unter anderen eine sachliche innere Stimme in den Hintergrund verziehen und eine Beziehungs-oder/und Selbstoffenbarungsstimme in den Vordergrund drängen.

Letztendlich sind bei Kundengesprächen immer beide Parteien (Sender und Empfänger beziehungsweise Berater/Verkäufer und Kunde) für den Dialog verantwortlich und nicht immer zu kontrollieren. Mit der nötigen Sachkenntnis und der dazugehörigen praktischen Anwendung kann es allerdings in manchen Situationen nützlich sein und eine Kommunikation oder auch Interaktion optimieren.

5. Zusammenfassung

In der Einleitung dieser Arbeit wurde der Dialog, welcher als Austausch von Informationen gilt, beschrieben. Eine gute Kommunikation entsteht durch die Beachtung aller vier Kommunikationsebenen sowie allen anderen Signalen, welche sich auf das Innenleben des Menschen beziehen. Die Struktur des Kommunikationsquadrates von Schulz von Thuns, welches aus der Sach-, Beziehungs-, Appell- und Selbstoffenbarungsebene besteht, ist dabei für alle Alltagssituationen als auch Arbeitssituationen ein wichtiges Grundmuster. Dennoch weisen die Modelle von Schulz von Thun Probleme auf, welches es durch eine gute Schulung, zum Beispiel mittels guten Wortwahltrainings, zu beheben gilt. Um eine Konversation verbessern zu können, bezieht sich Schulz von Thun auf unterschiedliche Ansatzpunkte. Eine Möglichkeit ist der Ansatz am Menschen, welcher die Verhaltensweisen an sich selbst entwickelt und auf andere projizieren soll. Da nicht nur Aspekte der einzelnen Person berücksichtigt werden sollten, wurde der Ansatz an der Art des Miteinanders konstruiert. Aufgrund dessen wurde dieser Ansatz in der vorliegenden Studienarbeit detailliert beschrieben. (vgl. Schulz von Thun, 2016) Es lässt sich also zusammenfassen, dass jede Ebene des Modells eigene Problembereiche beinhaltet, es aber Sinn macht, jede Seite bezüglich des Schemas zu berücksichtigen. Im Arbeitscontent bedeutet dies, dass der Angestellte, welcher im Vertrieb im Sinne eines Verkäufers oder Berater hantiert, auf unzählige Faktoren achten muss und ein entsprechendes Fachwissen mit praktischen Verknüpfungen vorweisen muss. Unter anderen muss er wissen, dass mithilfe einer gezielten Wortwahl das innere Team eines Kunden umgestimmt werden kann. Hierzu benötigt er allerdings viele praktische Kompetenzen sowie ein hohes Maß an Theoriewissen über die Kommunikationsmodelle. Sollte dies der Fall sein, sollte es keine Probleme in schwierigen Kundengesprächen geben beziehungsweise sollten sich diese besser gestalten sowie optimieren lassen.

6. Literaturverzeichnis

Argyle, M. (2013). Körpersprache & Kommunikation-Nonverbaler Ausdruck und Soziale Interaktion. 10. Auflage. Paderborn: Junfermann Verlag

Cohn, R. (1975). Von der Psychoanalyse zur Themenzentrieten Interaktion. 4. Auflage. Stuttgart: Klett-Cotta

Janneck, M. (2007). Quadratische Kommunikation im Netz-Gruppeninteraktion und die Gestaltung von CSCL-Systemen. Köln: Josef Eul Verlag

Pöhlmann, S. und Roethe, A. (2004). Die Streitschule-Trainieren Sie Ihre Kommunikations- und Konfliktfähigkeit. 2. Auflage. Paderborn: Junfermann Verlag

Schenk, J. und Schenk, G. (1998). Kommunikation als Herausforderung im Alltag und in der Wissenschaft. Würzburg: Könighausen & Neumann

Schrameier, M. (2015). Richtige Kommunikation will gelernt sein-Das Modell von Schulz von Thun. Hamburg: Bachelor & Master Verlag

Schulz von Thun, F. (1981). Miteinander Reden-Störungen und Klärungen. Band 1. 9. Auflage. Reinbek bei Hamburg: Rowohlt Taschenbuch Verlag

Schulz von Thun, F. (1998). Miteinander Reden-Das Innere Team und situationsgerechte Kommunikation. Band 3. 23. Auflage. Reinbek bei Hamburg: Rowohlt Taschenbuch Verlag

Schulz von Thun, F. (2004). Miteinander Reden-Kommunikation für Führungskräfte. 3. Auflage. Reinbek bei Hamburg: Rowohlt Taschenbuch Verlag

Schulz von Thun, F. (2013). Miteinander Reden-Stile, Werte und Persönlichkeitsentwicklung. Band 2. Reinbek bei Hamburg: Rowohlt Taschenbuch Verlag

Schulz von Thun, F. (2016). Miteinander Reden-Störungen und Klärungen. Band1. 53. Auflage. Hamburg: Rowohlt Taschenbuch Verlag

Wahren, H. (1987). Zwischenmenschliche Kommunikation und Interaktion in Unternehmen-Grundlagen-Probleme und Ansätze zur Lösung. Auflage-Reprint 2013 Berlin: De Gruyter Verlag

·